LE ZANZARE

6

Via Giosuè Carducci, 37 - 46041 Asola (MN)
gilgameshedizioni@gmail.com - www.gilgameshedizioni.com
Tel. 0376/1586414

ISBN 978-88-6867-088-7

Direttore di Collana: Andrea Garbin

I Edizione maggio 2015

III Edizione giugno 2016

In copertina: *Ritratto di Basir Ahang* di Gian Ruggero Manzoni.
A pagina 61, fotografia di Reza Sahel: Bamiyan, dopo la distruzione delle statue dei Buddha, avvenuta nel marzo del 2001.

Basir Ahang

SOGNI DI TREGUA

a mia madre e a mio fratello Kabir,
ora lontani per sempre vicini

INTERROGATIVO D'INVERNO

Come molti altri prima di me
mi sono chiesto
quale fosse il senso
di questa laconica esistenza

aspirando un tabacco troppo amaro
mi sono detto:
ancora due o tre minuti
e la vita tornerà quella di prima

stordito e obbediente di natura
ho trascorso le giornate
con una tazza di tè fra le mani
unico calore inalterato negli anni

contando gli autunni
le estati
le primavere
e gli inverni

ho atteso il giorno
in cui il corvo nero

si sarebbe seduto sul ramo di cedro
per cantare un ultimo requiem

e come l'albero tagliato in due
non poter più sentire
la neve che cade
il calore del tè
tra le mani ghiacciate

ho concluso
esser questo il senso della vita
una fine infinita
un gracchiare di corvo

QUESTO MOMENTO MI APPARTIENE

Questo momento mi appartiene
per il peregrinaggio e lo sconforto
per tutto ciò che è stato e non è più

le orme dei miei piedi segnano il tracciato di molti
[confini
da Kabul a Roma
da Tamerlano a Giulio Cesare
passando per terre che trasudano de Gobineau

questo momento mi appartiene
ed io lo regalo a mia madre
che per tutta la vita ha ricamato i suoi desideri
su scampoli di cotone
solo per permettere a mio padre
di soffiarcisi il naso

per le mie sorelle isolate dal mondo
e per i miei fratelli
che al posto dei libri
senza averne l'intenzione
hanno imbracciato i fucili

questo momento mi appartiene
ed io lo donerò alle lacrime e alle grida
affinché il riflesso e l'eco
sveglino i sordi e ridiano la vista ai ciechi
della mia città

questo momento non mi appartiene più
è tempo di andare
tocca a me raccontare le acque vagabonde
del Mediterraneo
affinché le orme dei miei piedi divengano indelebili

ESULE VAGABONDO

Esule vagabondo
malinconico ma ardito
con un bagaglio di racconti di guerra e dolore

forse la fuga dalla morte
e il senso di abbandono
mi hanno trascinato all'esilio
in questa città straniera

le mie stesse scarpe sono tutta la mia terra
poiché in un mondo di tale grandezza
non c'è un posto in cui mi sia dato vivere

scrivo sui muri della notte "portare rifugio all'umanità"
come impulso a che la città sia più tranquilla
mia unica motivazione
le mie favole della buonanotte sui muri colorati della
[città
che diradano il fumo e la delusione

la mia lingua è sconosciuta a tutti
persino al mio vicino più prossimo

che ogni mattina col broncio e la rabbia non
[risponde al mio saluto
ma io ho ancora speranza di vivere

sono esule
e cento chilometri più in là tutta la mia esistenza e i
[miei ricordi
sono legati a un territorio
che è ora crocevia di sangue e terrore
ma io continuo nella mia speranza

forse un giorno questo nodo si scioglierà
e la prossima generazione di questa città
dopo aver letto la storia
e la mia sorte
maledirà i propri padri

questa è la mia storia
sono un esule vagabondo
e la mia patria non sono altro che le mie scarpe

QUELLA FOTTUTA NOTTE

22/01/2014
giorno dell'anniversario
del massacro di Yakawlang

Quando hanno sparato l'ultimo proiettile
era notte
le strade di Bamiyan[1] erano chiuse
quella notte
Kapisa[2] bruciava nel fuoco della pazzia
e il demonio di Kabul ebbro dell'ultima bottiglia
di tequila di Jalisco
sognava i corpi nudi della città di Sodoma
quella notte Bamiyan era luminosa
con le lanterne colorate di blu
e una folla di scalzi cantava
un inno di pace
per i pezzi perduti di Shahmama
Bamyian era luminosa
e i confini del cielo di Ghulgula[3]
scoloriti
quella notte la pazzia dominava ovunque
e noi miserabili nelle calli magiche di Venezia
restavamo bloccati con le lanterne spente tra le mani

quella notte la paura dominava ovunque
e Yakawlang[4] aspettava la distruzione promessa
quella notte un nodo orribile strozzava le gole
e noi miserabili ballavamo nell'oscurità
dei nostri pensieri
quando i titoli dei notiziari nel mondo
cambiarono all'improvviso
e un'onda veloce come un fulmine
volteggiò nel cielo di Venezia
la nostra città all'alba
era distrutta
e noi miserabili
ballavamo ancora nell'oscurità dei nostri pensieri
quella fottuta notte

ANCHE QUESTA È VITA?

Forse è meglio se ti abitui
se non ti fucileranno in guerra
allora sarai obbligato
ad offrire il tuo corpo al mare

Anche questa è vita?
Quando scapperai dalla tua patria
diventerai nutrimento per i pesci
se ne avrai la possibilità
dovrai sincronizzare il tuo battito
con la campana della chiesa
finché gli anni passeranno
e rimarrai ultimo fra i cittadini
uno straniero che vuole vivere
con la lingua ormai troppo amara

Forse è meglio se ti abitui
come un orfano bambino
che prende schiaffi per abitudine

Anche questa è vita?
Per te che la ami
devi abituarti

AMORE

Con le membra nude
e gelide
dalla paura
tremavamo per la vicinanza e la passione

Alzati
ti dissi
con le labbra asciutte
abbandoniamo questo luogo
non occorre più lo sforzo di parlare
altrove troveremo
un luogo lieto
come il nido della nostra infanzia

lascia che sotto la luce della luna
io baci i tuoi begli occhi
le labbra aride
come rose prima della rugiada

Quanta pazzia e fame d'amore
in quella vicinanza
poi ad un tratto

la paura cessò
tutto si fece silenzio
e restammo solo noi tre:
due corpi sudati e l’amore

BANU

Dedicato alle studentesse che hanno
perso la vita nell'attacco terroristico
di Quetta il 15 Giugno 2013

Banu! Guarda l'accetta
cento rami
cento fiori
e cento tulipani d'amore
non fioriranno mai più

occhi ciechi
e colmi d'ignoranza
hanno strappato
tagliato e legato
le speranze degli alberi in fiore

Banu! Guarda l'accetta
un predatore crudele
e senza pietà
ha tagliato la gola
delle violette ancora dischiuse

ora scappa

non eri giardiniere
per questa terra

ora scappa
e lascia che la tua lontananza
permetta agli assassini
di questa città
di gioire nel loro deserto

SCOCCA L'ORA

Dodici volte l'orologio ha rintoccato
e tu stavi ancora dormendo
mentre gli incubi inghiottivano il tuo mondo

stavi ancora dormendo
e il tuo villaggio
ventuno volte
proprio ventuno volte è stato capovolto
le lancette della vita girano velocemente
e i bisogni umani raggiungono il cielo
stavi dormendo
come se il letto ti avesse inghiottito
eri congelata
le tue membra pietrificate
come quelle di Salsal
stavi dormendo
o forse eri in attesa dell'arrivo
di un nuovo Omar[5]
che ti faccesse a pezzi come
i buddah di Bamyan
oppure di un emiro Abdul Rahman Khan[6]
che ti vendesse come schiava

al bazar di Calcutta
dove con il tuo ricavo comprare
mille tonnellate di polvere da sparo
fino alla prossima esplosione
quando la Reuters
pubblicherà la notizia della scoperta
della tua salma
nelle isole di Jakarta
e poi una bambina
a Nili[7]
per ricordare le tue pazzie
accenderà delle candele
ed infine tutto sarà silenzio
silenzio
silenzio

PENSIERO

erano le due di notte
quando il suo respiro si fermò
nella città nebbiosa
colma del freddo del mar Tirreno
dondolò sulla sedia
e con la mano sinistra scrisse:
“l’uccello è fuggito dalla gabbia”

IO SONO DI QUESTA RAZZA

Dicono che gli esseri umani possano essere
duri e pesanti come un sasso
o fragili e leggeri come un fiore

dicono che gli esseri umani si sciolgano
per creare dal nulla
e far nascere una nuova gioia

dicono che gli esseri umani si solidifichino
per somigliare al dolore
e ferire come polvere da sparo

io in questi giorni sperimento la durezza del sasso
e con la mente piena di fumo
vivo la sensazione del piombo

anche questo fa parte dell'essere umani

ed io sono di questa razza

132

Per le mie sorelle e i miei fratelli uccisi a Quetta
dall'odio, dall'ignoranza e dall'indifferenza

Oggi sono 132 ma se li conti bene in tutto fanno
2568
uccisi, annientati, polverizzati
in nome di un dio fanatico e geloso: il loro
Quetta puzza di sangue oggi
ma se chiudi gli occhi puoi sentirlo fin qui
è un puzzo acre e stagnante
è l'odore dell'odio e del silenzio che se ne fotte
tuo fratello volte centrotrentadue
tua figlia volte centotrentadue
il tuo migliore amico volte centotrentadue
chi era il numero 120?
cosa voleva fare da grande?
e il numero 34?
quali erano le sue paure e passioni più grandi?
riuscirà mai a superare il dolore la madre dell'82?
centotrentadue domande senza risposta
in attesa del prossimo conto alla rovescia
fino a quando non ne rimarranno più
fino a quando non ci saranno più cadaveri da contare

POVERA PATRIA

e povero mio popolo
che non può vivere e nemmeno morire

parassiti ne plasmano il loro destino
e si autoproclamano nel nome di dio

raccolgono adepti e affibbiano a dio attributi
che sono solo umani

sacrificano sull'altare della follia la ragione
e ne fanno legge divina

povera patria
e povero mio popolo
alzati ora o non svegliarti mai più

IN ONORE DI ZAHER REZAI[8]

Venezia è fredda,
stanca delle turbolenze
e delle barche vagabonde del Mediterraneo

le sue vie piene di manichini alla moda
calcolano con precisione il tempo che vuoto scorre
via
fino all'ultimo suo appuntamento con la nera signora

da queste parti è sconosciuto 'AZRAEL
il divino timore della democrazia inghiotte tutti
all'uomo carico del suo piccolo bagaglio pesa la sua
[tristezza
ma il suo mondo è pieno di dignità

canta, ora, l'inno della notte
un inno dovuto
per necessità letto
per necessità scritto

l'incomunicabile mondo
con i suoi giorni amari

i capelli appassiti
la mente agitata
i pensieri intristiti
un colore scuro mi lega gli occhi

basta silenzio,
i martoriati alberi di Kabul non saranno mai più
[verdi
Alzati mio caro!
San Marco nella sua grandezza accoglie
i giovani ambasciatori presentatisi al suo cospetto
una voce a tutti nota invita la gente in via Orlanda
è la morte a parlare

le gocce di sangue recitano poesie
bimbo affamato, disertore di guerra
il mio cuore un aquilone vuol far volare
e su di esso scrivere:
giardiniere, apri le porte del tuo giardino
io non sono un ladro di fiori

IL MIO RIFUGIO

Quando le tue ciglia vibrano
l'attesa finisce
e respiro il profumo
di mille fiori di ciliegio

solo tu puoi lenire il mio dolore
e darmi la forza per respirare
ancora

nella moltitudine dei tuoi sorrisi
vedo nascere l'orizzonte della vita
ma quando la tua vista mi è negata
le tenebre mi avvolgono

solo il tuo amore
può purificarmi dalle sofferenze
di questa vita ingorda di tormento

attendo impaziente che giunga l'ora
perché quando arriverà il tramonto
le tue braccia diverranno
il mio unico rifugio

A RIDA[9]

Da quando te ne sei andata
sembra che tutti si siano svegliati
i giornalisti, gli attivisti e persino io
abbiamo dormito troppo a lungo

Cara Rida
lo sai?
oggi hanno pubblicato la tua foto
in tanti sono venuti per un saluto
sembra che il mondo intero
abbia ascoltato la tua voce

ora lo sanno
che chi vive a Quetta
e ha occhi a mandorla
non può avere destino diverso
dal tuo

cara Rida
lo sai?
Oggi le preghiere e i pensieri
sono rivolti a te

oggi sei una bambina famosa
anche in questo mondo virtuale
mentre nella foto accanto a tuo fratello
sorridi al mondo intero

un giorno tutti sapranno
quanti sogni avevi
anche fra le tristi strade di
Hazara Town e Mehr Abad
volevi solo avere il tuo mondo
e vivere a lungo
per Gulchehra e per tutti quelli
che se ne sono andati prima di te

UN ISTANTE

Ridi!
Finché hai fiato,
grida finché puoi!
E vivi il momento,
perché temo
che fino al tuo prossimo istante
il cielo potrebbe non essere più blu
come lo è ora

IMMAGINE

Il profumo inebriante dei fiori
se solo i vermi vi rinunciassero
queste rovine diventerebbero
il giardino dell'Eden
colmo di mandorli del Gharjistan[10]

A OSCAR LOPÉZ RIVERA

Scriverò una poesia a tuo nome
su ogni mattone del mio corpo
a tuo nome

sui fogli rigati
del mio mondo d'infanzia
comporrò una canzone

ed avrà la melodia dolorosa
delle corde di dambura
insieme al fragore delle cascate

e la notte sotto la luce della luna
canterò
per i fiori di Acacia

che più degli esseri umani sanno
e comprendono
che cos'è la libertà

SINCERAMENTE TI DICO

Come posso spiegare
mia amata
da dove iniziare
questo racconto
di perpetuo martirio?
dalle larve che lente
scavano il mio cuore
dalla fiamma che mi avvampa
o dalla tua testardaggine?

Sinceramente ti dico
mia amata
che il mio amore
è astinenza di tossico
e le mie ferite
lividi di calce

la storia di questa terra
è solo un racconto d'accanimento
di una nazione dal potere irrisa
e dal suo stesso popolo boicottata

sinceramente ti dico
mia amata
qui nessuno c'è per nessuno
i cuori indugiano reclusi
le bocche cucite

guarda la mia fronte
e la ferita che vi si posa
questa è la piaga dei coltelli
affilati nella mia terra

sinceramente ti dico
mia amata
che alla fine dei conti
le rovine di Kabul
i giardini recisi del nord
le fosse comuni di Yakawlang
e i brandelli di un Buddha
ormai troppo lontano
altro non sono stati
che desideri di un popolo afflitto

sinceramente ti dico
mia amata
che da Afshar

a Kabul
tutto è silenzio
che i seni tagliati
di madri e sorelle
giacciono perenni sui fili
elettrici della città
che dal fondo delle rovine
ancora si odono
le urla dei bambini
strappati da un grembo
mai più fecondo

sinceramente ti dico
mia amata
qui nessuno c'è per nessuno
le vie sono infette
e la povertà ha scambiato
corpi per pane
infanti per rame

forse anche tu comprendi
mia amata
che in mezzo a tutta questa miseria
non si trova spazio
nemmeno fra le righe

del cappotto di lana
di un Karzai qualunque

qui il mondo è giunto al termine
e se guardi bene
mia amata
puoi leggerne la fine
fra i solchi del mio viso

BOGOTÀ

Al popolo colombiano

Bogotá!
Vive a lungo il tuo arcobaleno
e la tua perla splendente “Providencia”
tu, terra d’oro, rossa e blu
“La Sonora Dinamita” continuerà per sempre
a risuonare
con la danza della Cumbia
e con il suono intrecciato alle catene di ferro
portate alle caviglie degli schiavi,
il messaggio della libertà

Sorridi!
ora è tempo di alzarsi in piedi
è più di mezzo secolo
che oltre queste nubi scure
un cielo cobalto ha respirato temerario
è da mezzo secolo
che il paradiso “Providencia”
ha atteso il tuo scintillìo
per rompere finalmente questo ciclo difettoso
e portare speranza alla sua verde costa

Gabo non scriverà più “l’amore ai tempi del colera”
e i tuoi figli di domani
si prenderanno l’un l’altro le mani
per danzare la Cumbia e il Vallenato

Alzati!
Bolivar sta aspettando Totó la Momposina,
per iniziare a mormorare una canzone
incurante dall’amarezza del suo tabacco

SENZA TITOLO

Non potrò mai dimenticare
la mia vita d'infanzia
la guerra la puzza di sangue
il fumo del piombo
e le rovine di Afshar
chiudendo gli occhi
non potrò mai fermare
le immagini dei carri armati
che passano velocemente
sulle salme di persone
che mezz'ora prima
desideravano e pensavano
che guardavano
col sorriso verso il cielo blu
e verso il sole
l'immagine dei bambini
che corrono disperatamente
e che non potranno mai trovare
i loro cari
ogni tanto penso a mia madre
e nei miei sogni le chiedo
per quale motivo mi abbia messo al mondo

GIUBILO D'AUTUNNO

Sono lieto
nella grossolanità della notte
con il caffè e le sigarette
che mi tengono sveglio
ed ammiro l'infanzia e la gioventù
camminando nei corridoi della mente
come un bambino che scivola
e ride sul mondo
e tra la baldoria
bussa alle porte dei suoi desideri
sono lieto
della sensazione
del flusso d'aria fredda
che accarezza continuamente
gli occhi
che con insistenza
riflettono la gioia
dei bambini di questa città
sono lieto
della leggera brezza
che con i lacci dei miei capelli
volteggiano

e sotto la pallida luce della
notte
brillano
sono lieto
della visione di queste genti
sono felice
io che ero abituato agli incubi
della notte
ora sono felice e respiro
i desideri dei bambini di questa città

VERSI IN GUERRA

1.
Giacciono in lutto le parole
marciscono su pagine senza vigore
nei camini
consumati al posto del carbone
sono ora i libri
a diffondere il calore
la voce non occorre più a raccontare
ma a gemere, urlare e sospirare
e quando cessa il rumore
anche la vita è stata soppressa

2.
Nei pressi di un pozzo
un ragazzo dorme un sonno perpetuo
innanzi il suo riposo
un ultimo ronzio
afflisse i suoi pensieri
incessantemente sussurrando:
ragazzo,
dovevi avere un fucile
e a ritmo di mortaio
cantare i tuoi do-bayiti[11]

3.

Quando un letto di foglie
è l'unico giaciglio che ti rimane
quando il ruggito dei carri armati
rende il più coraggioso inane
e sulla tua fronte
sogni d'infanzia inaridiscono
come gocce di sudore
è allora che nel buio e nel silenzio
con la canna del fucile
devi cantare il tuo do-bayiti

4.

Quando le foglie
sotto il peso della tua carne
iniziano a sgretolarsi
e di te appena rimangono le spoglie
a fianco del tuo corpo
un pozzo d'acqua ridosso
nella città dai muri feriti
canta alto il tuo do-bayti
mentre per ogni stella che cade
altri giacciono annichiliti

5.

Prima che allineino
la tua salma alle altre
in una fossa che di comune
ha solo la morte
canta il tuo do-bayti
canta per la guerra
che come epidemia
di continente in stato diffonde
folle di infelici
per la via

L'ISTANTE IN UN CALICE

Prendi il tuo calice
anche tu sai che questa notte
non tornerà mai più
presto il sole si fermerà in mezzo al cielo
e le nostre gole si serreranno in eterno
voglio che questo istante si ripeta
memori per sempre di ciò che fu

che la grazia del vino
scivoli nelle nostre gole
ed ondeggiando ci accompagni
ora e per sempre

nella stanza ovunque
aleggia la tua presenza
i tuoi occhi
e le labbra di melagrana
piegate in un sorriso
creano vestigia di marmo

prendi il tuo calice
caffè e sigarette non sono abbastanza

per far sbocciare un sorriso
voglio che la tua risata faccia tremare
le strade di questa città
ti prometto che il sole non avrà più il coraggio
di bruciare le tue gote

prendi il tuo calice e brindiamo
fino a quando il cuore si agiterà nel petto
e i nostri istinti saranno dissetati
allora viaggeremo
nei nostri stessi sogni
per anni gravidi di oscurità

prendi il tuo calice
ed inebriati di questo vino
viviamo adesso
perché sai anche tu
che questa notte non tornerà mai più

DESIDERIO D'ESTATE

Voglio stare fra le tue braccia
e la mia carne strisciare mille volte
sulle curve del tuo corpo
diventare cera
diventare acqua
e nella discesa del tuo corpo
fluire
su di te voglio avvertire
il tepore della spiaggia del Mediterraneo
ed attraverso le tue labbra
ubriacarmi del vino più soave
di Firenze
voglio disegnare sul tuo corpo
le mie poesie
e lasciare sul tuo seno
le mie labbra
come un ricordo
se solo il pugnale delle tue ciglia
me lo permettesse

IMMIGRATO

Abbandona la vertigine
separati
dal tuo nero presentimento
strappa via
il dolore e la pena
gettali lontano
e renditi sottile
e renditi leggero
come il filo spinato
oltre il quale devi passare

Prepara un ultimo commiato
con il tuo cuore
con la tua lingua
e con qualunque cosa
appesantisca i tuoi ricordi

Abbandona tutto
attraversa il confine
e lasciati scivolare sul terreno
come spoglia morente
abbandonata in battaglia

Tira un sospiro di sollievo
e alla fine del viaggio
di notte
a voce alta
osserva il tuo passato
cosicché la mattina
tu possa diventare
un buon titolo
per il giornale
e morfina per il tuo stesso dolore

Dipingi
le fredde notti
dell'inverno
degli umani sentimenti
tutto questo è solo divagazione

E l'immigrato è una foglia
caduta da un albero
in autunno
Solo per esser calpestata
dal primo passante

LA TERRA DELLE MANDORLE AMARE

Quando infine
anche la primavera giunge
respirano i mandorli in fiore
lieti celebrano la sopravvivenza
e in profondità nei polmoni aspirano
per un'ultima volta
l'aria fredda delle terre montuose
Hazaristan
la terra delle mandorle amare

Quando infine
anche la primavera giunge
i fanciulli della mia terra
celebrano la vittoria sulla morte
in alto sulle montagne di Nili
in modo che i loro desideri
risplendano ancora più intensamente
e le loro barchette di carta
attracchino incolumi a Helmand

Quando infine
anche la primavera giunge

grande è il timore
che assieme agli altri
sboccino i fiori della morte
e che a Helmand o Kandahar
per un'ultima volta si orchestri
la festa dei pugnali affilati
di Khyber Pakhtunkhwa[12]

HO SOGNATO LA FINE DELL'ESILIO

Ho sognato la fine dell'esilio
e con esso la stagione della rabbia
in quelle gelate terre montuose
a me così care

Ashterlai e Nili
indossavano i loro abiti bianchi
e i corpi tremavano per il freddo

Quando arriverà la stagione dei Panj Toghal[13]
sono sicuro:
tornerò nella terra d'Hazaristan

Sotto i raggi della luna piena
le ragazze del paese formavano un cerchio
e con un Chardapal[14]
riuscivano a predire il futuro

Quando il canto di distici funesti
echeggiava in tutto il paese
io ero ritornato in Hazaristan
ed ero in cerca di te

per ricongiungermi alla mia essenza
e alla gente delle montangne
dai volti più tristi
dei Buddha di Bamiyan
che tremanti con le mani rivolte al cielo
pregavano per il passaggio indenne del Se Toghal[15]
le valanghe del furioso inverno

E ritornavo
per trovare la mia parte mancante
e con essa la Gul Andam dei miei sogni
come quando di notte
nella primavera della mia infanzia
cercavo le tue gote
nel riflesso dell'acqua

Il Chardapal continuava a predire il futuro
e il riflesso delle tue gote di melograno
era ancora visibile sullo specchio dell'acqua
e i palpiti del tuo cuore
che attimo dopo attimo
mi distruggevano
si mescolavano alla melodia del Dambura

Sotto la luna piena

per un attimo rigettati
nel nostro mondo d'infanzia
tra l'amore e la semplicità
vicino al vecchio stagno d'acqua calda
ogni cosa brillava
alla luce dei tuoi fulvi capelli

Come se ogni cosa fosse tornata al suo posto
e io impazzivo
ebbro di una gioia insperata
quando infine i nostri menti si avvicinarono
e la tua mano destra toccò il mio collo
ero finalmente ritornato
per dissolvermi in te

NOTE

[1] Provincia dell'Afghanistan, sede delle famose e millenarie statue di Buddha distrutte dai Talebani il 12 marzo 2001. Le statue erano chiamate Shahmama (figura femminile) e Salsal (figura maschile) ed erano considerate Patrimonio Mondiale dell'Umanità.

[2] Provincia dell'Afghanistan distrutta e bruciata dai Talebani nel 1996.

[3] Nome dell'antica città di Bamiyan.

[4] Provincia situata nel centro dell'Afghanistan. Fu sede di uno dei massacri più sanguinosi compiuti dai Talebani. In migliaia furono massacrati per il solo fatto di appartenere all'etnia Hazara.

[5] Riferito al "mullah Omar", ex capo dei Talebani.

[6] Emiro dell'Afghanistan dal 1880 al 1901. Uccise il 62% della popolazione Hazara e vendette migliaia di donne e uomini al bazar di Calcutta.

[7] Città dell'Afghanistan, nella regione di Daikundi.

[8] Zaher Rezai (Mazar i Sharif 1991 - Venezia 2008). Ragazzo minorenne che il 10 dicembre 2008 ha perso la vita sotto un camion a Mestre, tentando di sfuggire ai controlli della polizia di frontiera al porto di Venezia.

[9] Bambina Hazara uccisa dai terroristi a causa della sua etnia, il 21 gennaio 2014, a Mastung-Quetta, in Pakistan, mentre viag-

giava con la sua famiglia.

[10] Antico nome dell'Hazaristan, quando era sotto il dominio di una regina Hazara.

[11] Genere poetico persiano composto da quartine.

[12] Regione del Pakistan, con capitale Peshawar.

[13] Uno dei giorni più freddi dell'inverno.

[14] Festa tradizionale Hazara durante la quale le ragazze leggono poesie e predicono il futuro.

[15] Fine dell'inverno.

Biografia dell'autore:

Basir Ahang è poeta, giornalista e attivista per i diritti umani nato a Ghazni, in Afghanistan, nel 1984. Laureato all'Università di Kabul in *Storia e Letteratura persiana*. Ha iniziato la sua carriera scrivendo per diversi giornali locali, e lavorando come produttore radiofonico. Nel 2006, in Afghanistan, iniziò a collaborare con un giornalista del quotidiano *La Repubblica*. In quel periodo il giornalista e fotografo Gabriele Torsello venne rapito dai Talebani nella provincia di Helmand. Basir è stato direttamente coinvolto nella liberazione del giornalista, ottenendo rapporti confidenziali da parte delle autorità dei talebani che detenevano Torsello. Ha avuto così modo di conoscere i nomi dei rapitori. Dopo il rilascio di Torsello, è stato oggetto di minacce e intimidazioni da parte dei Talebani e per questo costretto a fuggire dall'Afghanistan. Nel 2008 ha ottenuto lo status di rifugiato politico in Italia dove tuttora studia e lavora. In Italia ha lavorato anche come interprete e mediatore culturale. Nel 2009 e 2010 ha viaggiato in Grecia con l'obiettivo di documentare la tragica situazione dei rifugiati. Il resoconto di questi viaggi è stato raccontato nel suo documentario *La Voce di Patrasso* e nella pubblicazione di molti articoli su numerosi giornali online. Da anni si occupa di diversi progetti volti a richiamare l'attenzione sulla situazione del suo paese e soprattutto del popolo Hazara, uno dei maggiori gruppi etnici in Afghanistan; a questo fine ha fondato assieme ad altri giornalisti e attivisti il sito *www.hazarapeople.com*. Quest'etnia è infatti da tempo immemorabile oggetto di discriminazioni e tentativi di pulizia etnica in Afghanistan e Pakistan. Basir ha anche collaborato con UHNCR (Agenzia della Nazioni Unite per i rifugiati). Tra i siti che hanno pubblicato i suoi articoli vanno annoverati Kabulpress, "BBC" Persian, Deutsche Welle, Al Jazeera, Radio Zamaneh e Frontiere News. In qualità di giornalista e attivista per i diritti umani Basir è stato inoltre candidato al premio *Images and Voices of Hope's 2014* negli Stati Uniti. Basir si occupa anche di poesia e di cinema. Sue poesie sono tradotte anche in inglese e spagnolo. Nel 2014 ha ottenuto il *premio speciale della critica* presso il Festival Internazionale *OttobreInPoesia* di Sassari. Nel 2015 ha partecipato al *Festival Internazionale di Poesia di Medellin*, in Colombia. Con "Sogni di tregua" ha vinto il premio "Città di Sant'Anastasia, ricevendo un simbolo di Dante Aligieri in occasione del 750° anniversario dalla sua nascita.

Ringraziamenti:

un grazie di cuore va innanzitutto a Nicole Valentini, il cui supporto e i cui consigli sono stati per me fondamentali nella stesura delle poesie. Questo libro è stato scritto e ora pubblicato anche grazie al sostegno di molti amici, tra i quali: il poeta e regista Amin Wahidi, che è sempre stato per me come un fratello, appoggiandomi nei momenti di gioia e di dolore; i poeti Beppe Costa, Stefania Battistella e Andrea Garbin, la cui amicizia è per me bene di inestimabile valore.

www.ingramcontent.com/pod-product-compliance
Ingram Content Group UK Ltd.
Pitfield, Milton Keynes, MK11 3LW, UK
UKHW042002190726
13854UKWH00005B/2125